LE

Pélerin Passionné

DU MÊME AUTEUR

LES SYRTES.
LES CANTILÈNES.

TIRAGE A PART
DU PÉLERIN PASSIONNÉ

—

12 exemplaires numérotés sur Japon.

JEAN MORÉAS

LE

Pélerin Passionné

L'estoire iert si rimée, par foi le vous plevi,
Que li mesentendant en seront abaubi,
Et li bien entendant en seront esjoï.

ADENÈS LI ROIS.

PARIS
LÉON VANIER, LIBRAIRE-ÉDITEUR
19, QUAI SAINT-MICHEL, 19

1891
Tous droits réservés.

L'AUTEUR AU LECTEUR

Avoir contemplé, en cet ouvrage, tel apparat d'architectures, tant fussent-elles jugées magnifiques! avoir ouï tels sons, tant fussent-ils goûtés délectables! — c'est en avoir contemplé la fausse face, c'est en avoir ouï le discord.

Rechercher, en cet ouvrage, une Idée se voulant son but à elle-même, un Sentiment répercuté dans son sens immédiat, — c'est mésestimer de l'Art en sa totalité, et du mien-ci en son essence.

Car, celui-là seul se pourra dire légitimement éjoui de mes poèmes, qui aura su scruter en quelle manière une Sentimentale Idéologie et des Plasticités Musiciennes s'y vivifient d'une action simultanée.

Dirai-je, maintenant, de mes innovations rythmiques, que le los et la complicité des plus affinés jeunes hommes de ce temps les sigillent, à la disgrâce de ceux-là qui de prudence s'aggravent ! Et n'ai-je, déjà, fait preuve de quelque supériorité en la poétique réglementaire ? et qui me saurait tenir en suspicion !

Considérez que le long repos fixe, par quoi le décasyllabe et l'alexandrin sont suspendus, les distingue rhythmiquement de tous les autres vers français. Or, allonger (jusqu'où ? la nécessité musicale décidera en chaque occurrence) l'octosyllabe conformément à sa césure muable, accorder des polyphonies adéquates à la pensée exprimée, par un lacis de vers inégaux, selon la conception, toutefois élargie, de La Fontaine ; user de la rime, — ores riche de consonnes, ores alanguie jusques à l'assonance, — uniment comme d'un moyen rhythmique sans en faire le vers tout entier, l'omettre même : voilà des témérités dont la Poésie Française se louera dans le futur.

J'eusse pu amplifier sur tout cela. Mais à quoi faire ? puisque ce dont nous voulons enchanter le Rhythme, c'est la divine Surprise, toujours neuve ! Et nous savons aussi comme *la réflexion en pénètre mal le mystère.*

Quant au style, il y aurait à ratiociner ; et j'estime que depuis le seizième siècle finissant « on a appauvri, desséché et gêné notre langue. » C'est Fénelon qui parle.

Il est vrai que la révolte romantique régénéra un vocabulaire qui dépérissait, d'une multitude de termes proscrits. Mais n'ont-ils pas péché, ces, d'ailleurs admirables, romantiques, le plus souvent, par une syntaxe décousue, je dirai *sans race!* Ils omirent aussi maints mots, maints tours précieux de l'ancienne langue, qu'ils ne pouvaient, alors, soupçonner dans son intégrité.

Pour qui sait, dans notre littérature médiévale un riche héritage se recèle. Ce sont les grâces et mignardises de cet âge verdissant, lesquelles, rehaussées de la vigueur syntaxique du seizième siècle, nous constitueront, — par l'ordre et la liaison inéluctables des choses, — une langue digne de vêtir les plus nobles chimères de la pensée créatrice.

A ceux qui m'opposeront la difficulté de réintégrer un antique parler, je répondrai que nos plus illettrés scribes entendent parfaitement, — grâce à l'opiniâtreté de tel et tel de nos aînés, — plus d'un

mot inconnu, il y a quelques dizaines d'années.
Puis, je les renverrai à ce chapitre où La Bruyère
déplore la perte de vocables « qui pouvoient durer
ensemble d'une égale beauté, et rendre une langue
plus abondante. » On y apprendra que du temps
où cet écrivain florissait, les adjectifs : *chaleureux*,
valeureux, *haineux*, *fructueux*, *jovial*, *courtois*, et bien
d'autres dont nous nous accommodons, se virent
frappés d'ostracisme.

Au résumé :
Dans ces poëmes-ci, lecteur, tu trouveras (en
même temps que d'aucunes miennes nouvelletés)
instaurées les coutumes de versification abolies par
la réforme, tempestive à son heure, peut-être, mais
insolite, de Malherbe, duquel je sais priser les
hauts dons.
Conséquemment, j'y poursuis, — selon une évolution logique et indubitable, — dans les idées et les sentiments, comme dans la prosodie et le style, la *communion* du Moyen-Age Français et de la Renaissance Française, *fondus* et *transfigurés* en le principe (lequel ne semble pas où le Naturalisme, déjà caduc, le voulut abaisser) de l'Ame moderne.

Pour finir, je te prie, lecteur, de ne me point cuider quelque raisonneur *à priori*, car j'obéis, autant et plus qu'un autre, au Dæmon qui me prêche. Je te dirai seulement (en paraphrasant Carlyle) qu'en matière d'Art sérieux, ce n'est pas un transitoire éclair d'intuition qui suffira; c'est une *illumination délibérée* du sujet tout entier — qu'il faut.

Paris, 24 novembre 1890.

AGNÈS

AGNÈS

Il y avait des arcs où passaient des escortes
Avec des bannières de deuil et du fer
Lacé, des potentats de toutes sortes
— Il y avait — dans la cité au bord de la mer.
Les places étaient noires et bien pavées, et les portes,
Du côté de l'est et de l'ouest, hautes ; et comme en hiver
La forêt, dépérissaient les salles de palais, et les porches,
Et les colonnades de belvéder.

> C'était (tu dois bien t'en souvenir) c'était aux plus
> beaux jours de ton adolescence.

Dans la cité au bord de la mer, la cape et la dague lourdes
De pierres jaunes, et sur ton chapeau des plumes de perroquets,
Tu t'en venais, devisant telles bourdes,
Tu t'en venais entre tes deux laquais
Si bouffis et tant sots — en vérité, des happelourdes ! —
Dans la cité au bord de la mer tu t'en venais et tu vaguais
Parmi de grands vieillards qui travaillaient aux felouques,
Le long des môles et des quais.

    C'était (tu dois bien t'en souvenir) c'était aux plus
    beaux jours de ton adolescence.

Devant ta tante Madame la Prieure,
Que tu sentisses quelque effroi
Lorsque parlait d'Excommunication Majeure
Le vieux évêque en robe d'orfroi, —
Tu partais, même à l'encontre du temps et de l'heure,
Avec Hans, Gull, Salluste et Godefroy,
Courir la bague, pour amuser la veuve
Aux yeux couleur de roy.

    C'était (tu dois bien t'en souvenir) c'était aux plus
    beaux jours de ton adolescence.

Bien assise était la demeure, et certe
Il pendait des filigranes du perron ;
Et le verger fut grand où hantait la calandre diserte.
Et quant à la Dame, elle avait ce geste prompt,
Ce « ce me plaît » qui déconcerte ;
Et quant à la Dame, elle avait environ
Septante et sept saphirs avec un cercle
De couronne à son front.

> C'était (tu dois bien t'en souvenir) c'était la plus noble Dame de la cité.

Certes les fleurs florirent, et le dictame
Florit au verger qui fut grand, en effet.
Toute fleur florit au verger ; et quant à la Dame,
Son penal d'arroi fut fait
De ces riches draps que rien n'entame,
Et ses cavales étaient de Frise, et l'on pouvait
En compter cent, et nulle bête qui soit en mer ni en bocage
Qui ne fût à fin or portraite sur son chevet.

> C'était (tu dois bien t'en souvenir) c'était la plus noble Dame de la cité.

Claire était la face de la Dame, telle la fine pointe
Du jour, et ses yeux étaient cieux marins ;
Claire était la face de la Dame et de parfums ointe.
Claire était la face de la Dame, et plus que purpurins
Fruits, fraîche était la bouche jointe
De la Dame. Et pour ses crins
Recercelés, ne fûssent les entraves d'ivoire,
Eûssent encourtiné ses reins.

    C'était (tu dois bien t'en souvenir), c'était la plus bel-
        le Dame de la cité.

Cieux marins étaient les yeux de la Dame et lacs que rehausse
La sertissure des neiges, et calice ce pendant
Qu'il éclôt, était sa bouche; et ni la blonde Isex, ni la fausse
Cressida, ni Hélène pour qui tant
De barons descendirent dans la fosse ;
Ni Florimel la fée, et ni l'ondine armée de son trident
Ni aucune mortelle ou déesse, telle beauté en sa force
Ne montrèrent, de l'aurore à l'occident.

    C'était (tu dois bien t'en souvenir) c'était la plus bel-
        le Dame de la cité.

« Sœur douce amie » lui disais-tu « douce amie,
Les étoiles peuvent s'obscurcir et les amarantes avoir été
Que ma raison ne cessera mie
De radoter de votre beauté;
Car Cupidon ravive sa torche endormie
A vos yeux, à leur clarté,
Et votre regarder » lui disais-tu « est seul Mire
De mon cœur atramenté. »

  C'était (tu dois bien t'en souvenir) c'était par un soir de la mi-automne.

« Vos cheveux traînent jusqu'en bas et nimbent votre face,
Et vos sourires sont les duègnes de votre vertu;
Ah, prenons garde que notre âme ne se fasse
Putain, Madame » lui disais-tu.
« Vos cheveux traînent, et vos yeux portent d'azur à la fasce
D'or, et votre corps est de lys vêtu;
Ah, prenons garde que notre désir ne se farde
Pareil à quelque gnome tortu. »

  C'était (tu dois bien t'en souvenir) c'était par un soir de la mi-automne.

« Sœur douce amie » lui disais-tu « mon cœur est moire
D'eaux claires sous les midis.
Madame » lui disais-tu « mon cœur est grimoire
Tout couvert de signes maudits;
Et je vous eusse cédée pour mille besants et voire
Pour quelques maravédis.
Sœur douce amie » lui disais-tu « pieux cloître
Est mon cœur, et sainte fleur en paradis. »

    C'était (tu dois bien t'en souvenir) c'était par un soir de la mi-automne.

LE DIT

D'UN CHEVALIER QUI SE SOUVIENT

LE DIT

D'UN CHEVALIER QUI SE SOUVIENT

Joël est dans sa tour assis,
    Sa tour et sa tourelle.
C'est quand dans les bois épaissis
    La feuille renouvelle.
Pour lui il n'est mai ni printemps,
    Il n'est philtre ni baume ;
Euh, las ! car il aura cent ans
    Vienne la Saint-Pacôme.
A-t-il fait joutes et bouhour,
    A-t-il suivi la guerre !
Mais que, surtout, du mal d'amour
    Son cœur n'en avait guère !

Cœur fol, cœur en souci! serment
   De femme écueil au havre.
Gentil Amour, plus durement
   Que tous gens d'armes, navre.
Vœux liés, déliés, lien
   Loyal qu'il soit, qu'il mente,
Ah, maille, maille! au mal, au bien,
   Quand vient la mort charmante,
La souvenance va musant. —
   Le jeu plaisant!

Et c'est ainsi que, sans douloir,
   Joël se remémore :
Madame Emelos, gente à voir,
   Qui s'est livrée au More.
Puis c'est Esmerée, Anne, Snor,
   Viviane, Junie,
Mab, et la reine Aliénor,
   Comme rose épanie.
C'est Fanette, au visage clair,
   Qu'un goujat rendit mère;

Et dans sa gonelle de fer
　　Pareille à la Chimère,
La Châtelaine d'Yverdun
　　Qui avait nom Bertrande,
Pour elle il a fendu plus d'un
　　Ecu à large bande.
La quelle encore ? (Qui l'eût dit!)
　　Sanche aux façons hautaines,
Qu'il a surprise dans son lit
　　Avec trois capitaines.
Alalète, au chef reluisant. —
　　Le jeu plaisant!

La bouche folâtre à dessein,
　　Grêle parmi les hanches;
Sous le siglaton fin son sein,
　　Neige qui sied aux branches,
Neige sur la forêt d'hiver,
　　Fleur de la neuve épine
Ses flancs, sous la pourpre et le vair
　　A riche sébeline;
Beaux semblants et doux accoler,

Plus que fruit de maraude,
C'est Aude, encline à s'accoupler,
Ainsi que chienne chaude.
Pour elle il eût les dés faussé,
Comm' pipeur détestable ;
Pour elle il eût chevaux pansé,
Et mules, à l'étable.
Pour elle il s'est parjuré ; bref,
N'étant plus guère riche
Ou d'or monnayé, ou de fief,
Avec le duc d'Autriche,
Par la Flandre il s'en fut gueusant. —
Le jeu plaisant !

AUTANT EN EMPORTE LE VENT

ÉPITRE

Et votre chevelure comme des grappes d'ombres,
Et ses bandelettes à vos tempes,
Et la kabbale de vos yeux latents, —
Madeline-aux-serpents, Madeline.

    Madeline, Madeline,
Pourquoi vos lèvres à mon cou, ah, pourquoi
Vos lèvres entre les coups de hache du Roi !
Madeline, et les cordaces et les flûtes,
Les flûtes, les pas d'amour, les flûtes, vous les voulûtes.

Hélas, Madeline, la fête, Madeline,

Ne berce plus les flots au bord de l'Ile,

Et mes bouffons ne crèvent plus des cerceaux

Au bord de l'Ile, pauvres bouffons,

Pauvres bouffons que couronne la sauge !

Et mes litières s'effeuillent aux ornières, toutes mes litières à grands pans

De nonchaloir, Madeline-aux-serpents.

L'INVESTITURE

Nous longerons la grille du parc,
A l'heure où la Grande Ourse décline ;
Et tu porteras — car je le veux —
Parmi les bandeaux de tes cheveux
La fleur nommée asphodèle.

Tes yeux regarderont mes yeux ; —
A l'heure où la Grande Ourse décline. —
Et mes yeux auront la couleur
De la fleur nommée asphodèle.

Tes yeux regarderont mes yeux,
Et vacillera tout ton être,
Comme le mythique rocher
Vacillait, dit-on, au toucher
De la fleur nommée asphodèle.

CHANSON

Les courlis dans les roseaux !
(Faut-il que je vous en parle,
Des courlis dans les roseaux ?)
O vous joli' Fée des eaux.

Le porcher et les pourceaux !
(Faut-il que je vous en parle,
Du porcher et des pourceaux ?)
O vous joli' Fée des eaux.

Mon cœur pris en vos réseaux !
(Faut-il que je vous en parle,
De mon cœur en vos réseaux ?)
O vous joli' Fée des eaux.

CHANSON

On a marché sur les fleurs au bord de la route,
Et le vent d'automne les secoue si fort, en outre.

La malle-poste a renversé la vieille croix au bord de la route;
Elle était vraiment si pourrie, en outre.

L'idiot (tu sais) est mort au bord de la route,
Et personne ne le pleurera, en outre.

CHANSON

Vous, avec vos yeux, avec tes yeux,
Dans la bastille que tu hantes !
Celui qui dormait s'est éveillé
Au tocsin des heures beuglantes,
Il prendra sans doute,
Son bâton de route
Dans ses mains aux paumes sanglantes.

Il ira, du tournoi au combat,
A la défaite réciproque ;
Qu'il fende heaumes beaux et si clairs,
Son pennon, qu'il ventèle, est loque !
Le haubert qui lace
Sa poitrine lasse,
Si léger ! il fait qu'il suffoque.

Ah, que de tes jeux, que de tes pleurs
Aux rémissions tu l'exhortes,
Ah laisse ! tout l'orage a passé
Sur les lys, sur les roses fortes.
Comme un feu de flamme
Ton âme et son âme,
Toutes deux vos âmes sont mortes.

CHŒUR

Hors des cercles que de ton regard tu surplombes,
Démon Concept, tu t'ériges et tu suspends
Les males heures à ta robe, dont les pans
Errent au prime ciel comme un vol de colombes.

Toi, pour qui sur l'autel fument en hécatombes
Les lourds désirs plus cornus que des égipans,
Electuaire sûr aux bouches des serpents,
Et rite apotropée à la fureur des trombes ;

Toi, sistre et plectre d'or, et médiation,
Et seul arbre debout dans l'aride vallée,
O Démon, prends pitié de ma contrition :

Eblouis-moi de ta tiare constellée,
Et porte en mon esprit la résignation,
Et la sérénité en mon âme troublée.

UNE JEUNE FILLE PARLE

Les fenouils m'ont dit : Il t'aime si
Follement qu'il est à ta merci;
Pour son revenir va t'apprêter.
— Les fenouils ne savent que flatter !
Dieu ait pitié de mon âme.

Les pâquerettes m'ont dit : Pourquoi
Avoir remis ta foi dans sa foi.
Son cœur est tanné comme un soudard.
— Pâquerettes, vous parlez trop tard !
Dieu ait pitié de mon âme.

Les sauges m'ont dit : Ne l'attends pas,
Il s'est endormi dans d'autres bras.
— O sauges, tristes sauges, je veux
Vous tresser toutes dans mes cheveux.
Dieu ait pitié de mon âme.

HISTORIETTE

De sa hache — ah qu'il est las —
Le chevalier aux blanches armes.

A coups de hache
Rompre des casques, — ah qu'il est las —
Le chevalier aux blanches armes.

Et de la jolie fille de Perth,
Et de Béatrix et de Berthe,
Et des robes à bordures de perles
Et des cheveux sur le cou — ah qu'il est las —
Et des bras autour du cou — ah qu'il est las —
Le chevalier aux blanches armes.

De mourir, — ah qu'il est las —
Le chevalier aux blanches armes.

LE JUDICIEUX CONSEIL

Pourquoi cette rage,
O ma chair, tu ne rêves
Que de carnage
De baisers !
Mon âme te regarde,
En tes joutes, hagarde
Mon âme ne veut pas
De ces folâtres pas.

Aussi, parmi cette flamme,
Que venez-vous faire,
O mon âme !
Ah, laissez
Vos bouquets d'ancolie,
Et faites de façon
Que l'on vous oublie.

PARODIE

Ha, que l'on lève incontinent les caducées
Sur mon cœur. Et c'est assez de ces amiliers
Crève-cœur ; et je m'en vais mettre des colliers
Et des rubans aux boucs qui hantent mes pensées.

Et c'est assez, ô mon cœur, de ces traversées
Risibles. Et soyons les dévots cavaliers ;
Et soyons le palais aux joyeux escaliers ;
Soyons les danses qui veulent être dansées.

Soyons les cavaliers cruels. Soyons encor
La farce espagnole : les dagues, les dentelles ;
La duègne, le tuteur et le corrégidor,

Et Don Garcie, et leurs cautèles mutuelles.
— Puis, viens, et que nous chantions, sur la harpe d'or,
L'azur et la candeur, et les amours fidèles.

A JEANNE

Ah, rions un peu pendant que l'heure
    Le souffre;
Ah, rions sur le bord
    Du gouffre.
Oh, si bon il est de rire,
    Quand on pense :
Que nos cœurs loyaux n'auront point
    Leur récompense.

Si j'avais toujours
    Votre front proche,
Je serais sans peur
    Et sans reproche.
Mais loin de vos yeux
    Je m'assimile
Au fou qui combat
    Contre mille.

ÉTRENNES DE DOULCE

ÉTRENNES DE DOULCE

I

Ses yeux parmi
Ses joues, ses lèvres de couleur,
Ses yeux sont comme fleur
De violette au bouquet joli.
    Et son sourire
    Et son franc dire
Enchantent le mal qui me veut occire.
    Mieux qu'en avril ni mai
    Gentil oiseau
    Du bois ramé
    Ne berce somme
    De pastoureau ;
C'est pourquoi Doulce je la nomme.

Ni le nom de Mélusine
>Pourtant

Ni le nom d'Argentine
Ou de la comtesse de Flassand,
Ni celui plus fameux de la reine
>Qui mourut d'aimer,

Ne valent pour la nommer
Le nom qu'elle tient de sa marraine.
Nom qui m'êtes courtois échanson
>De loyal heur, en ma chanson

>Las, faudra-t-il toujours vous taire !

>O doux nom si gracieux

>Qui faites pleurer mes yeux

>Quand ma bouche vous profère.

II

Je suis le guerrier qui taille
A grands coups d'épée dans la bataille :
Son œil est clair et son bras prompt à férir.
Hélas, il va mourir :
Car sous la dure maille
Par un trou hideux goutte à goutte
Fuit tout son sang et sa vie toute.

Je suis le pauvre chevalier qui vendit son âme
Au diable — honte et diffame —
Pour de l'or pipé sitôt.

Vous qui semblable à la Vierge Marie
M'êtes apparue, ô Dame au cœur haut,
    Dame à l'âme fleurie,
    Du toucher de votre main pure
    Guérissez ma blessure,
    Et que vos doux yeux
    Me rachètent les cieux.

III

Ombre de casemate
Que roussit un vestige de falots,
Lacs sereins, frondants coteaux
Au déclin du char d'Hécate,
Corbeaux
Amis des gibets : noirs cheveux qui raffolez
De pierreries,
Vous n'êtes pas les cheveux de ma Dame.

Ils ne sont pas, non plus, ses cheveux, fin
Or : Aurores,
Bel Arcturus, fulves couchants,
Sur les champs
Javelles, votre orgueil m'est vain
Et vaines vos métaphores.

Fragrante cargaison de nefs
D'Arabie, mais qu'ils me sont soëfs
Les nobles cheveux châtains de ma Dame,
Soit que sa main les apprête
En bandeaux modestes sur sa tête,
Soit qu'ils l'encourtinent déliés, quand amène
Elle se fait à ma peine.

IV

Pour couronner ta tête, je voudrais
Des fleurs que personne ne nomma jamais.

Lavande, marjolaine, hélianthème,
Et la rose que le luth vanta,
Et le lis sans tache que Perdita
Souhaitait pour le prince de Bohême ;
L'œillet, la primevère, les iris,
Et tous les trésors de Chloris :
Gerbe seraient pauvre et défaite
    Pour couronner ta tête.

V

J'ai tellement soif, ô mon amour, de ta bouche,
Que j'y boirais en baisers le cours détourné
Du Strymon, l'Araxe et le Tanaïs farouche;
Et les cent méandres qui arrosent Pitané,
Et l'Hermus qui prend sa source où le soleil se couche,
Et toutes les claires fontaines dont abonde Gaza,
Sans que ma soif s'en apaisât.

VI

Parce que du mal et du pire
Mon âme absout tous les méchants,
Et que sur ma lèvre respire
Orphéus prince des doux chants,

Qu'au jardin de ma chevelure
S'ébattent les ris et les jeux,
Que se lève le Dioscure
Dans la prunelle de mes yeux ;

D'autres ont pu me croire : fête
Saoule de drapeaux épanis,
Et clairons sonnant la défaite
De l'indéfectible Erinnys ;

Mais toi, sororale, toi, sûre
Amante au grand cœur dévoilé,
Tu sus connaître la blessure
D'où mon sang à flots a coulé.

VII

Certe, il ne sut une autre toi
Le Roi
Qui dit la femme plus amère que la mort.

Car, de vos lèvres pressées,
Vous êtes toutes douceurs, amour,
Jusqu'à vos lèvres courroucées.

Et n'êtes-vous
Pas, aussi, le doux
Mois de Marie, si
Votre regard fait fleurie
Mon âme aux pâles couleurs.

VIII

Tes yeux sereins comme le calme
Sur les flots de la mer,
Me disent : nous serons
La palme
Sur ton sommeil amer;
Nous verserons
Dans ton cœur en péché
— Me disent —
La paix et l'équité.

Tes yeux me disent :
Pauvre âme aux pieds meurtris
Sur les mauvais chemins,
Tes lendemains

S'ils s'égaraient encore !
De tes couchers honnis
Nous serons l'alme aurore.

En nous c'est la fontaine
Bénigne du pardon,
Nous vous serons l'antienne
Et le bourdon,
Pauvre âme en dure peine, —
Disent tes yeux.

JONCHÉE

DISCOURS

Du barat d'or affronteur,
Son diffame, l'un, apprête ;
Et de laurier imposteur,
Que l'hiver outrageux guette,
L'autre couronne sa tête.
De brigue point n'ai souci,
Ou de menteur faste, si,
Mon pouce, alerte tu mêles
Dessus les cordes jumelles,
Narguant envie et tous sots,
Les parlantes philomèles
Au susurre des ruisseaux.

O qui, sur le double mont,
D'un miel Attique la coupe
Levez, dont la voix semond
Les buccins à riche houppe,
Nymphes, gracieuse troupe,
A l'ignorant mal-appris,
Qui clos tenez vos pourpris,
Mon heureuse fureur-née,
Sous vos lois fut ordonnée
Vers les assurés travaux,
Comme d'un frein est menée
L'ardeur des jeunes chevaux.

Aganippides, aux doux
Airs, dont la harpe se vante,
Nouvelle encore, par vous
Mon âme se sut savante ;
Pour que maintenant, j'invente
Un art bien élaboré
Et du vulgaire abhorré :

C'est votre haleine fertile,
Sacrant ma bouche inutile,
Qui fait qu'indigne je sais,
De gentil son et haut style,
Hausser le Nombre Français.

ÉLÉGIE PREMIÈRE

Ce ne fut, quand, des Pléiades, le déclin pluvieux
    Moleste le bois dénu.

Alors Zéphyre éventait les jeux
Des Grâces ; alors des linots tintait le sermon menu ;
Et l'épice, alors, abondait, et la rosée, soulas
Des jardins : lorsque ainsi tu parlas :

« J'ai vu fuir et passer le temps qui nous devance,
Tel un cerf que jamais aucun chasseur ne joint.
J'ai vu nos fleurs d'hier, printemps plein d'inconstance,
Et l'hiver et l'été, comme en un même point.

« O pauvre bien-aimé, tout cet augure double
S'est reflété dans moi, mieux qu'au clair d'un miroir ;
Voici la trêve, et si quelque chose me trouble
C'est la pitié que j'ai de ton vain désespoir.

« Laissons au cœur moins docte oser encor prétendre,
Et d'un vueil à cela mettre la vanité.
Car ne le sais-tu pas ! et que saurons-nous prendre
A cette ombre dissoute avant d'avoir été. »

ÉLÉGIE DEUXIÈME

Plus durement que trait turquois,
Amour, plaisant doux archer, blesse
Rustiques garçons et grands rois.

Par telle langueur et faiblesse,
Dieu oublia et diffame eut
David qui haïssait mollesse.

Semblablement l'autre, qui fut
Salomon, si très sage augure,
De grand renom piteux déchut.

Bouche feinte et feinte figure,
Yeux bénins aux gracieux lacs
Honte célent et mal'mort dure :

Agamemnon n'en eut soulas,
Aussi, la forcenée Hélène
Le fit voir au duc Ménélas.

Achille servit Polyxène ;
Chez la lydienne Herculus
Fila quenouillette aime-laine.

De Stratonice, Séleucus
Souffrit empire et vasselage,
De Chryséide, Troïlus.

Au gré d'un coloré visage,
N'écouta les buccins retors
Antoine, preux trop plus que sage.

Et tout docte, en nonchaloir fors,
De sa Faustine, Marc-Aurèle,
Vit de cendre ses lauriers ords.

Ainsi, en la bailli' de celle
Dont les cheveux passent l'or fin,
(Las ! qui m'est félonne et cruelle),

Je cuide le Permesse vain,
Et mon souffle n'a véhémence
D'animer le roseau divin

Qui clamait mon nom par la France.

ÉLÉGIE TROISIÈME

> Psyché, mon âme.
> EDGAR POE.

C'était comme le champ de Pharsale : des blessés
   Hideux
  Mouraient sur le bord des fossés ; —
  Là, où nous revînmes tous deux,
      Avec Psyché, mon âme.

  Et je lui dis « N'est-ce pas ? » Et je lui dis
« Ces arcs comme ils s'écroulent, et ces butins quels oripeaux !
  Ah, maudites étaient nos armes, et maudits
   Nos drapeaux !
      Psyché, mon âme !. »

C'était comme un Purgatoire, où des ombres aux abois
    Levaient des fronts honteux,
    Et se tordaient les doigts ; —
  Là, où nous revînmes tous deux,
              Avec Psyché, mon âme.

Et je lui dis « N'est-ce pas ? » Et je lui dis
    « Ah, ces damnés que chasse le regret,
  En fleurs bénignes de Paradis
    Qui jamais les mettrait,
              Psyché, mon âme ! »

CARTEL

Je dis à Amour, mon ennemi : Toi qui oses, page
Menu, prétendre sur moi quelque avantage,
Regarde le cimier que sur mon casque font
Bel-Accueil aux vertes couleurs, et Beau-Parler, et l'œillade présage
Des Dames belles, qui débonnaires me sont.

Je dis à Amour, mon ennemi : Ne vois-tu point
Orgueil gorgias mes brassards garnir à point,
Cuissards et tassette, et jusques à mon soleret qui point
De gai courage ; et cet épieu que Témérité
      En ma dextre a enté !

A rompre lances, armure mal opportune,
  (Amour me dit)
Je n'ai que Faux-Semblants, mais ce sont d'Une
  Qui souvent couard te rendit.

PASSE-TEMPS

Blanc satin neuf, œuf de couvée fraîche,
      Neige qui ne fond,
Que vos tétins, l'un à l'autre revêche,
      Si tant clairs ne sont.

Chapelets de fine émeraude, ophites,
      Ambre coscoté,
Semblables aux yeux, dont soulas me fites,
      Onques n'ont été.

Votre crêpe chef le soleil efface,
  Et votre couleur
Fait se dépiter la cerise, et passe
  La rose en sa fleur.

Joncade, coings farcis de frite crème,
  Pâté, tarte, (ô vous !)
Que vos gras baisers, voire de carême,
  Ne sont pas plus doux.

ÉPIGRAMME

Pour vous garder de mal empire,
Pennon d'Amour et gonfalon,
Je vous donnai ma chevelure
Couleur des flots sous l'aquilon.

Boucliers aux tendres devises,
Ecus de pleine loyauté,
Je vous donnai mes fiers yeux contre
Votre propre vulgarité.

Coupe de mélodie et baume,
Afin de vous extasier
Je vous donnai ma bouche vive,
Telles les roses au rosier.

Dames d'atour et chambrières
Attentives à votre arroi,
Je vous donnai mes mains plus nobles
Que la couronne au front d'un roi.

Et je vous donnai — ho! prodigue —
Et je vous donnai par monceaux,
Tous les trésors de ma pensée
Comme des perles aux pourceaux.

MON MAL J'ENCHANTE

Toi, mauvais œil, ou stellaire
Malignité, toujours de travers sonnée heure, ou qui que tu sois :
Être vilain, ça, tu me veux encore malfaire.

Ne viens-tu pas, avec ta bouche d'autrefois,
Bruire et siffler ton antienne ;
Ne vas-tu pas, à l'allégresse de mes doigts
Mêler ton geste, afin que je me ressouvienne !

Depuis les jours, depuis ces jours on m'a tenu
Plus sûrement sur les fonts Aganippiques, ô gnome,
Et tu pourras savoir par le menu
Si j'ai l'âme gaillarde, et pour quel on me nomme ;
Car, même dans ta nuit, même battu à tes autans,
    D'un gracieux délire :
Je dirai le soleil levé, et le printemps,
    Sur la plus haute corde de la Lyre.

LE TROPHÉE

Mirage coloré, fragrance
De jeunes jardins, et de carrefour rance ;
Doux frôler susurré comme d'une source,
Râper anxieux comme d'une étoffe rebourse :
      Il est un Monstre.

O toi, ô toi, ton âge le connut
    Alors que fleur il eut,
Et jusqu'au seuil de son automne empressé.

Ah toi, bénie qu'elle soit, la tutélaire voix
Qui terrassé le fit sur les pavois
    Bruissant à ta ortune.
Car n'es-tu pas, celui pour qui, ores, en vain
    Saturne vente à la poupe ;
Et qui peut, s'il le veut, goûter l'instant rivole, comme un vin
    Qui rit dedans la coupe !

ALLÉGORIES PASTORALES

ÉGLOGUE A ÆMILIUS

Alors que j'étais, ô Æmilius, le nouveau
Temps, alors que, la feuille de primerole ;
Que mon âge allait plus éclairci que l'eau
De la source matutinale en sa rigole
De gravier : devis ni son,
Fredons comme de tourtres et passes,
N'envolaient de ma bouche aimée des Grâces,
Mais, soupirer et complainte et tenson.

O Æmilius, pourquoi, sur l'agreste flûte, ai-je
Dit l'automne maligne et le cortège
Des pluies, alors que Flora versait
Beau-riante l'étrenne de sa corbeille,
Et, d'un tortis, Cyprine mes boucles pressait,
O Æmilius ; et la barbe, à peine, entour l'oreille
    Me naissait ?

L'été, maintenant, grandit l'ombre de mes pas ;
La mi-été, maintenant, boit la rosée. Ah, n'est-il pas
Levé, l'astre qui fait s'ouvrir la fleur tardive
Du safran ! Æmilius, Æmilius, voici bruire
L'heure au roseau que mon souffle avive,
L'heure de lamenter.
              Ore je vous vais dire :
La folâtre Amarylle, et le joyeux Tityre.

ÉGLOGUE A MA DAME

Afin de bien louer les dons
Où vous avez chevance,
Que mon pouce n'a les fredons
Des poètes, honneur de la docte Provence!

Ta bouche, sanguin piment,
Douce comme le moût de première cuvée,
Veut qu'on la sacre savamment,
Ainsi que d'un Arnaud fait la rime approuvée.

Puis il me faut, d'un son et très mignard et coint,
D'une cadence vive,
Telle de ce Jaufred que fine amour a point,
Vanter tes crêpes crins, couleur d'huile d'olive.

Tes yeux, aurés comme cédrat,
— Sagettes et blandice —
Clament la pompe et l'apparat
Des vers qui, dans le Montferrat,
Chantèrent Béatrice.

Pour dire ta grâce et le teint
Tien, le plus beau du monde,
Que le bruit de ma voix n'atteint
A ce Guillaume Cabesteint
Qui aima Sorismonde.

Mais pour que je me deuille, ainsi que je le doi,
De la pitié qui n'est en toi,
Il faudra que je creuse
Le roseau divin éclatant
Où le chèvre pied souffla tant
Sa fureur amoureuse.

ÉGLOGUE A ELLE ENCORE

J'eusse pu me nourrir de miel
Nouveau, pendant des mois, et bien que l'on prétende
Que sa saveur trouble les sens,
Je n'eusse été, certes, tant dépourvu de sagesse
Que pour avoir, de ma lèvre, ah si peu !
Effleuré ta bouche, semblable au feu.

Bouche plus suave que le miel
Au creux des ruches amassé,
Bouche plus vive que les hauts pavots
Parmi la prée,
Accole, ô sa bouche, rebaise la bouche mienne,
Que tout forcené je devienne.

Ainsi, Amour dernière à mon cœur née,
Par bois touffus et sente étronçonnée
J'irai, mené de mes fureurs errantes,
Jusques au val où les eaux sont courantes,
Et là, d'un saut, tôt me sera ravie
Cette langueur de vous, avec la vie.

Alors, peut-être, un dieu sylvain me changera
En arbre dru, dont la verdure forte,
Belle, t'abritera,
Lorsque l'Auster moiteux les grêles nous apporte.

Alors, la Cyprine, peut-être,
De mon corps défunt fera naître
Quelque haie aux jets éclatants,

Et sur le retour du printemps
Je saurais encor te complaire
Fleur en ta tête claire.

Peut-être, aussi, serai-je mué,
Par celui qui son front pare d'une corne lisse,
En roseau doucement remué :

Pour bercer ton sommeil, au solstice.

ÉGLOGUE A FRANCINE

O Francine sade, cueille,
De tes doigts si bien appris,
La rose, moite en sa feuille,
Le lys qui n'a pas de prix.
Des champs et des verts pourpris
La fleurante nouveauté,
Las, demain aura été.

N'es-tu pas fleurante pomme,
O Francine de renom,
Et tant frétillarde, comme
Tourterelle en sa saison !
Bientôt tu n'auras oison
De plaisance, chef doré,
Ni visage coloré.

Or, ainsi, belle Francine,
Faisant nargue à vos foleurs,
Sénestre je vaticine
Toutes sortes de malheurs,
En me couronnant de fleurs,
Sifflant de pastoraux airs
Dans mes chalumeaux diserts.

ÉGLOGUE A PAUL VERLAINE

Pour avoir tant essoufflé des cornemuses
    Criardes, au fredon têtu,
D'une mauve, guide cent brebis camuses
    Ménalqu' de superbe vêtu.

Maint bélier, et la profitable génisse
    Qui nourrit ses deux nouveau-nés,
Ornent l'étable de Mopse, si très nice
    A dire les chants alternés.

Thyrsis se rengorge d'une coupe ouvrée
 Des mains du noble Alcimédon ;
Batte, opprobre de la montagne sacrée,
 D'un laurier de brigue eut guerdon.

A toi, l'honneur des Lybéthrides agrestes,
 Abreuvé des parlantes eaux :
Il ne sied prix que du son de tes doigts prestes
 Sur les disparates roseaux,

Divin Tityre, âme légère ! comm' houppe
 De mimalloniques tymbons ;
Divin Tityre, âme légère ! comm' troupe
 De satyreaux ballant par bonds.

GALATÉE

GALATÉE

« Oublie, ô Cyclope, sauve tes vœux
　　Du réseau gracieux
D'un regarder où tu te fis enclore.
Déjà, sous un chef verdissant la source bruit
　　Déjà l'églantier se colore,
Déjà l'arbre sylvestre porte fruit.
Oh, pourquoi, Cyclope, en toi l'hiver encore
Et que n'es-tu pressant les pis abondants
　　De la génisse profitable !
Vois les taureaux mêler leurs cornes, entends
　　Bêler tes brebis à l'étable. »

Vieux Mélibée, ainsi tu parles.

　　　　　　　　　　« Les autans
Soufflent malins aux tiges qui florissent,
Maligne est la pluie aux épis qui mûrissent.

Et l'arc d'Eros, si les traits ne partent doubles, blesse
    Soulas et liesse.
Si la mare, au roseau, si l'onde pure, au peuplier, il faut,
Soupire-t-elle la palombe après le gerfaut,
La carpe après l'hameçon ? Après le taon sonore,
Soupire-t-il le bœuf ? O Cyclope, oublie ore,
Dame qui n'a franchise. Sache, plutôt, que le verger
D'épices soit garni, ou qu'un feuillage étranger
Ente l'antique tronc, et que, dans la corbeille
Faite de baguettes de saule, et d'osier léger,
Avecque soin le lait se caille. »

                                Ainsi tu parles, vieille
Cotytaris.

    Oublie ! oublie ! Euh, foin
De vos thriacles, belîtres, botteleurs de foin,
    Langues radoteuses ! Qu'il ait
Un bois retors et de mainte coudée
    Le front d'un cerf nouvellet,
Que, badin, le cerf aux abois frappe
    L'herbe, d'un pas alterné,

Ou que, surpris, le chien du Ménale
   Par le lièvre soit mené,
Que l'homme amputé de sa dextre
   Tire l'épée à-deux-mains,
Que le perclus vainque à la course
   Atalante aux pieds soudains,
Que la mule rétive et la cavale
   Mâchent comme gingembre leur mors,
Et qu'elle se rengorge, la taupe,
   De deux yeux d'Argus : alors
Lorsque vous aurez dit : Oublie, oublie, ô Cyclope !
Vos bouches parleront selon leur nature de bouche, et non
   Telle la peau d'un vieil onagre
   Qui résonne au tympanon.

   O Mélibée, aussi,
Ne disais-tu pas Chariclée
   En grief souci
De ne voir, dans ma barbe mêlée,
Le ruban, dont présent me fit,
Par sa main, son cœur déconfit.
   O Cotytaris, maquerelle,

Ta face rusée, en son pli
>   Cèle et décèle :
Comme Corinne serait aise
S'elle avait, par mes travaux, empli
De lait, son tétin, rose et fraise.

Mieux que Corinne, sous la tunique détorce,
Nulle n'a la cuisse potelée ;
Couleur du cèdre dépouillé de son écorce
Sont les cheveux de Chariclée.
Corinne a les cheveux comme une lueur.
Mais Galatée a tout mon cœur.
>   Chariclé' bonne et doucette et tendre
Baisse ses yeux de pierre aventurine.
Telle la bacchante de Thrace sait s'étendre
D'audace barbelée, Corinne.
Chariclé' charme par sa pudeur.
Mais Galatée a tout mon cœur.

>   Galatée, mon beau souci,
>   Dame, Ma Dame sans merci !
De ce cœur, telle la plaine féconde,
M'allez-vous faire un cœur plus dénudé

Que le bois par l'hiver émondé,
Et plus stérile que l'onde.
Galatée ! l'osmonde.
Joliette,
L'aneth éclos à la matinale fraîcheur, la sariette,
L'ache, si ma main les cueille,
Des ronces ne valent la feuille.
Galatée ! l'ambre en chapelet,
Le grenat semblable à la flamme, comme lait
Les perles sitôt remuées,
Prases, jaconces, si j'en veux
Tresser vos boucles de cheveux,
En roche bise sont muées.
Chères mains à toutes grâces vouées,
Dame douce ! cette guerre cessez,
Et de pitié (comme
L'épine porte l'amome)
Votre rigueur fleurissez.

Merci crié au vent ; trop durable rigueur ;
Peu prisée amitié ; cœur en vaine langueur
Et dure embûche ;

Mon cœur plus vainement langoureux que l'oiseau
Après le haut bocage, alors qu'en un réseau
  Son vol trébuche.

Ses yeux si clairs, ses fosseleux souris,
Son vaillant corps, son venir, son aller,
Et les doux mots dont ell' sut me parler,
Et le beau teint, de son âge le prix,
 Son teint si beau, comme rose en pourpris,
Et qui la fais à Cyprine sembler :
Dons sans guerdon ! vous me deviez embler
Valeur et l'heur en vos lacs entrepris.
 D'amour où n'est ni cautèle ni vice
J'avais juré de vous faire service,
O Dame, hélas ! las ! félon à moi-même.
 L'eau, à la fin, la pierre drue perce,
Mais non de vous la cruauté extrême
Mes tristes pleurs, car trop m'êtes adverse.

   Printemps et Mai
   Ont parfumé
   Et val et plaine ;
   Zéphyr haleine.

De-ci de-là ballent, farauds,
Pastourelles et pastoureaux.
Où trouver, las !
Trêve et soulas
A ma grand'peine.

LE BOCAGE

Un troupeau gracieux de jeunes courtisanes
S'ébat et rit dans la forêt de mon âme.

Un bûcheron taciturne et fou frappe
De sa cognée dans la forêt de mon âme.

Mais n'ai-je pas fait chanter sous mes doigts
(Bûcheron, frappe!) la lyre torse trois fois!

(Bûcheron, frappe!) N'est-elle pas mon âme,
Comme un qui presse de rapides coursiers!

La persuasion habite sur tes lèvres
    Jeune homme, et l'on
Dirait que dans tes yeux se lève
L'Ourse brillante, fille de Lycaon.

L'épeautre de Toscane, la myrrhe grasse et l'iris,
En vain font le col d'Aspasie un miroir.
En vain, Plouto soupire, et tu te ris
Du vieil Eumolpe et de son parasol en ivoire.

Car, jeune homme, de quelle herbe, de quelle fleur
 Du Phase ou de Tempé;
De quel hippomanès d'une cavale en chaleur,
 Ta chasteté sera trompée!

Pour consoler mon cœur des trahisons,
Je veux aimer, en de nobles chansons,
Les doctes filles de Nérée :
Glaucé, Cymothoé, Thoé,
Protomédie et Panopée,
Eunice aux bras de rose, Eulimène, Hippothoé,

Et l'aimable Halie, et Amphitrite, à la nage prompte,
Proto, Doto, parfaite à charmer,
Et Cymatolège qui dompte
　　La sombre mer.

Gentil esprit, l'honneur des Muses bien parées,
    La Tailhède, les bandelettes sacrées
Ceignent ton front. Bien que tu passes parmi nous,
Que la cendre à tes pieds de cette vie reste
Comme aux flancs de Délos la mousse du Géreste,
Ta soif s'étanche aux flots Dircéens, et d'un doux
Murmure le laurier frémit quand tu parais,

Et sur le vil Python ta main vire les traits
Indubitables, et tes vœux appendent des prémices
Au bord de l'Acragas où meuglent les génisses.

Les feuilles pourront tomber,
La rivière pourra geler !
 Je veux rire, je veux rire.

La danse pourra cesser,
Le violon pourra casser !
 Je veux rire, je veux rire.

Que le mal se fasse pire !
Je veux rire, je veux rire.

— Je suis las, si las,
Comment danser, hélas!
— Mets des fleurs dans tes cheveux
Et dansons, car je le veux.

— Je suis si triste, triste,
Comment rire hélas!
— Qu'un marmouset pleure,
Rions, car c'est l'heure.

Dormir est si doux,
Que ne mourrons-nous!
— Ah, la Mort, ah, n'est-ce
Une menteresse!

Je naquis au bord d'une mer dont la couleur passe
En douceur le saphir oriental. Des lys
Y poussent dans le sable, ah, n'est-ce ta face
Triste, les pâles lys de la mer natale ;
N'est-ce ton corps délié, la tige allongée
    Des lys de la mer natale !

O amour, tu n'eusses souffert qu'un désir joyeux
Nous gouvernât ; ah, n'est-ce tes yeux
    Le tremblement de la mer natale !

Que faudra-t-il à ce cœur qui s'obstine ;
Cœur sans souci, ah, qui le ferait battre !
Il lui faudrait la reine Cléopâtre,
Il lui faudrait Hélie et Mélusine,
Et celle-là nommée Aglaure, et celle
Que le soudan emporte en sa nacelle.

Puisque Suzon s'en vient, allons
Sous la feuillée où s'aiment les coulombs.

Que faudra-t-il à ce cœur qui se joue ;
Ce belliqueux, ah, qui ferait qu'il plie !
Il lui faudrait la princesse Aurélie,
Il lui faudrait Ismène dont la joue
Passe la neige et la couleur rosine
Que le matin laisse sur la colline.

    Puisqu'Alison s'en vient, allons
Sous la feuillée où s'aiment les coulombs.

Sauvons-nous du souci d'un jour !
Théone, cédons à l'amour,
Cédons à Vénus Cyprienne.

Que le myrte à la verveine tors
(D'autres diront la vie et ses torts !)
Peinture tes cheveux que l'écaille hausse.
— Je dirai la vipère au bandeau
Des femmes de la Thrace, et l'eau
Sacrée de la fontaine Tilfosse.

Fais ton corps docile au coussin,
Ceinturée de perles indiques.
— Je dirai comme au doux essaim
Des Favones rouvrent leur sein
Les gracieuses Heures véridiques.

Moi que la noble Athène a nourri,
Moi l'élu des Nymphes de la Seine,
Je ne suis pas un ignorant dont les Muses ont ri.

L'intègre élément de ma voix
Suscite le harpeur, honneur du Vendômois;
Et le comte Thibaut n'eut pas de plainte plus douce
Que les lays amoureux, qui naissent sous mon pouce.

L'Hymne et la Parthénie, en mon âme sereine,
Seront les chars vainqueurs qui courent dans l'arène ;
   Et je ferai que la Chanson
   Soupire d'un tant! courtois son,
Et pareille au ramier quand la saison le presse.
   Car par le rite que je sais,
Sur de nouvelles fleurs, les abeilles de Grèce
   Butineront un miel Français.

TABLE

L'AUTEUR AU LECTEUR. 1

AGNÈS. 1

LE DIT D'UN CHEVALIER QUI SE SOUVIENT. 9

AUTANT EN EMPORTE LE VENT. 15

    Epître. 17
    L'investiture. 19
    Chanson : *Les courlis dans les roseaux* 21
    Chanson : *On a marché sur les fleurs* 23
    Chanson : *Vous avec vos yeux* 25
    Chœur 27
    Une jeune fille parle. 29
    Historiette 31
    Le judicieux conseil 33
    Parodie 35
    A Jeanne. 37

TABLE DES MATIÈRES

ÉTRENNES DE DOULCE. 39
    I Ses yeux parmi 41
    II Je suis le guerrier qui taille 43
    III Ombre de casemate. 45
    IV Pour couronner ta tête 47
    V J'ai tellement soif. 48
    VI Parce que du mal et du pire 49
    VII Certe il ne sut 51
    VIII Tes yeux sereins 53

JONCHÉE. 55
    Discours. 57
    Elégie première. 61
    Elégie deuxième 63
    Elégie troisième 67
    Cartel. 69
    Passe-Temps 71
    Epigramme 73
    Mon mal j'enchante 75
    Le Trophée. 77

ALLÉGORIES PASTORALES. 79
    Eglogue à Æmilius 81
    Eglogue à Ma Dame. 83
    Eglogue à elle encore. 87
    Eglogue à Francine 91
    Eglogue à Paul Verlaine. 93

GALATÉE. 95

Le Bocage. ... 105

Un troupeau gracieux 107
La persuasion habite sur les lèvres. 109
Pour consoler mon cœur. 111
Gentil esprit. 113
Les feuilles pourront tomber. 115
Je suis las, si las 117
Je naquis au bord d'une mer. 119
Que faudra-t-il. 121
Sauvons-nous du souci d'un jour. 123
Moi que la noble Athène a nourri. 125

IMPRIMÉ
PAR
CHARLES HÉRISSEY D'ÉVREUX
POUR
LÉON VANIER
ÉDITEUR

www.ingramcontent.com/pod-product-compliance
Lightning Source LLC
Chambersburg PA
CBHW060154100426
42744CB00007B/1028